CONVIÉRTETE EN UN ORADOR PERSUASIVO

Los secretos para convencer en cualquier situación

Por Christophe Peiffer

Traducido por Laura Soler Pinson

Coaching en50MINUTOS.es

CONVIÉRTETE EN UN ORADOR PERSUASIVO

- **¿Problemática?** ¿Qué técnicas y estrategias hay que implementar para granjearse el apoyo de un cliente potencial, de un equipo o de un auditorio en unos minutos?
- **¿Utilidad?** Influir sin manipular es un arte que constituye una ventaja innegable en el mundo profesional y en la vida cotidiana.
- **¿Contexto profesional?** Negociación, adhesión a un proyecto, gestión de conflictos, búsqueda de empleo, petición de préstamo, relaciones profesionales.
- **¿Preguntas frecuentes?**
  - ¿Cuáles son las bases que hay que seguir para tener éxito con mi argumentación?
  - ¿Cómo actuar para evitar ser catalogado como manipulador?
  - ¿Qué postura adoptar cuando argumento?
  - ¿Cuál es LA técnica irrefutable para convencer a alguien?
  - ¿Cuánto tiempo me hace falta para aprender a convencer?
  - ¿Cuáles son las trampas que hay que evitar si quiero convencer a alguien?
  - No he logrado convencer a mi interlocutor, ¿tengo que abandonar?
  - ¿Qué tipos de argumento puedo utilizar?

Nos pasamos la vida intentando convencer a nuestros iguales, desde el joven ejecutivo dinámico que intenta obtener un aumento hasta el padre que se esfuerza por que su hijo ordene su habitación, pasando por el estudiante que acaba de obtener un título y que intenta conseguir un empleo en la empresa que ambiciona. Vemos que en la vida cotidiana abundan las situaciones en las que es indispensable saber argumentar. Por lo tanto, manejar con destreza y ética esta herramienta puede convertirse en una notable ventaja tanto en la vida profesional como en la personal.

Sin embargo, aunque algunos lleven la persuasión en las venas —lograrían vender las ventajas de tener un congelador a unos esquimales—, para otros, obtener un vaso de agua en un bar en mitad del desierto les resulta imposible. Con todo, existen algunos principios fundamentales para ayudarte a argumentar para defender lo que más te importa. Estos elementos básicos apelan tanto a las aptitudes como a las habilidades sociales. La alianza sutil de estos dos pilares relacionales te otorgará una ventaja considerable en todas las situaciones en las que desees que una persona, un equipo o un auditorio adopte tus ideas.

Descubre en 50 minutos todos los trucos que te permitirán cultivar tu desenvoltura y la fluidez de tu discurso para ganar en convicción, en cualquier situación. Prepárate para dar paso al Steve Jobs (fundador de la marca Apple y gran orador estadounidense, 1955-2011) que vive en ti.

EL ABECÉ DEL ORADOR PERSUASIVO

ALGUNAS NOCIONES FUNDAMENTALES

Persuadir frente a manipular

Uno de los peligros inherentes en toda argumentación persuasiva es la delgada línea que la separa de la manipulación. Si ya has pensado en esto alguna vez, eso es buena señal, puesto que significa que te preguntas acerca de una cierta forma de ética en este ejercicio. ¿Dónde están los límites de una y otra? ¿Podemos desviarnos fácilmente hacia la manipulación? En caso afirmativo, ¿cómo prevenirlo? Incluso en su definición, ambos términos son potencialmente difíciles de distinguir el uno del otro.

- **Persuadir:** llevar a una persona a adoptar nuestra opinión recurriendo a los sentimientos.
- **Manipular:** dirigir a alguien de manera insidiosa, influirlo a nuestro antojo.

LO QUE HAY QUE SEÑALAR

Tanto persuadir como convencer forman parte de la argumentación. Lo primero recurre a los sentimientos, mientras que lo segundo llama a la razón, a la facultad de análisis y al espíritu crítico. Para argumentar de manera eficaz, conviene utilizar de manera paralela los dos procedimientos.

Por el contrario, existe un aspecto que marca la diferencia: el objetivo que perseguimos. Efectivamente, en la manipulación, el objetivo es manejar a una persona sin que se dé cuenta, siguiendo solo el interés del manipulador. Por el contario, quien dice argumentación persuasiva dice también, potencialmente, contraargumentación. Entonces, se trata de un debate de ideas en las que cada actor tiene los elementos necesarios para convencer al otro de la pertinencia de su opinión, si finalmente juega sus cartas.

Las técnicas para estos dos modos de comunicación son muy similares, incluso idénticas, puesto que están conformadas por las mismas herramientas. Por lo tanto, lo importante es cómo las utilizarás. Tomemos la imagen de un cuchillo para ilustrar esta idea: si le das este instrumento bien afilado a un chef estrellado, te cocinará un plato delicioso; pero si lo dejas en manos de un psicópata... prepárate para correr y escapar. Lo que difiere son los objetivos.

Logos, pathos, ethos

> «Las pruebas inherentes al discurso son de tres tipos: unas residen en el carácter moral del orador; otras, en la disposición del auditorio; y otras en el propio discurso cuando es demostrativo o parece serlo»[1] (Aristóteles 2015, 9).

En una obra sobre la argumentación persuasiva, es imposible no citar el trípode que forma la base de la persuasión: el *logos*, el *pathos* y el *ethos*. Estos tres pilares fundamentales

---

1. Cita traducida por 50Minutos.es

de la argumentación forman aún hoy en día el arte de la retórica, incluso si el concepto no es nuevo, puesto que fue en la Antigüedad cuando se inició con oradores de renombre como Platón (filósofo griego, *c.* 428-*c.* 348 a. C.), Demóstenes (hombre de Estado ateniense, 384-322 a. C.), Aristóteles (filósofo griego, 384-322 a. C.) y Cicerón (hombre de Estado romano, 107-43 a. C.).

- **El *logos*** tiene que ver con la argumentación en sí misma, es decir, con el contenido del discurso que apela al intelecto. Está conformado por el razonamiento y la lógica de la reflexión del que se expresa. Se basa en hechos detallados, en lo concreto, en estadísticas, en cifras, etc.

Ejemplo

Estimado, aquí tiene el informe en el que baso mi candidatura para el puesto X. Podrá ver que mis resultados en un año aumentaron un 20% y que los beneficios para la empresa fueron de un 8%. Su socio me ha informado de que, próximamente, Dubois iba a acceder a un puesto internacional. Hace ya cinco años que colaboramos juntos y hoy necesito proyectarme en un horizonte más amplio. Richard Branson (emprendedor inglés, nacido en 1950) decía que las oportunidades son como los autobuses: siempre hay otro que acaba llegando. Personalmente, quiero subir en el que usted conduce y ocupar la plaza que se quedará vacante en la próxima parada.

- **El *pathos*** está centrado en el auditorio. Se trata de la parte de una argumentación que apela a las emociones del interlocutor. Todas las palabras, los giros de las frases o las anécdotas se utilizan con el único objetivo de activar sentimientos primarios o secundarios: miedo, alegría, ira, tristeza, aversión, sorpresa, interés, esperanza, pena, admiración, etc. La gran mayoría de los medios de comunicación actuales, por exceso de *pathos*, funciona así en la difusión de sus programas: todo o casi todo está hecho para conectar sus mensajes directamente con la fibra emotiva de los telespectadores, sin pasar por la casilla del análisis reflexivo (*logos*).

- **El *ethos*** se basa en el orador que presenta su discurso y está destinado a producir una impresión positiva en el interlocutor o el público. Esto tiene que ver tanto con su reputación como con su prestancia, su carisma, su trayectoria o sus publicaciones. En el arte de convencer, se trata del pilar que más cuesta construir. En efecto, una reputación requiere tiempo y constancia, así como una cierta ética. Si no gozas de la credibilidad que te daría un estatus de experto, concentra tus esfuerzos sobre tu manera de ser y sobre tu carisma para ganarte la confianza de tu auditorio.

Si su respuesta converge hacia un solo individuo, es muy probable que este posea el *ethos* del que estamos hablando aquí.

Al final, para convencer de manera eficaz gracias a una argumentación persuasiva:

- construye una imagen reconocida y respetada en tu ámbito predilecto;
- debes saber cómo apelar a las emociones de tus interlocutores;
- siempre demostrando con A+B que tu punto de vista es lógico.

PREPARAR EL TERRENO

Organizar tu argumentación

¿Crees que los grandes oradores llegan despreocupados al estrado para presentar su discurso y poner patas arriba al público? ¿Crees que los invitados a los platós de televisión que tratan temas de actualidad vienen con su dominio y su experiencia como simples bagajes? No es para nada así. Una buena argumentación debe prepararse correctamente si quieres que sea convincente, por varias razones:

- estructurar tu discurso y establecer un hilo conductor;
- destacar los puntos clave;
- ir a lo esencial eliminando lo superfluo;
- dar forma a ciertos giros de frases para que alcancen tu objetivo;

- tener las ideas claras en el momento de tu prestación y así ahorrar tu energía para la gestión del miedo y de los imprevistos;
- darte confianza.

Tu argumentación persuasiva no puede basarse en la improvisación. Para prepararla de manera eficaz, sigue estas etapas clave:

- identifica la necesidad de la persona o del grupo a los que deseas convencer;
- propón una solución adecuada a esta necesidad;
- anticípate a los posibles beneficios que tendrá para tu interlocutor;
- determina las posibles objeciones y responde a ellas;
- identifica tus cualidades y tus puntos fuertes.

TRUCO DE *COACH*

Practica delante del espejo, y corrígete y ensaya a continuación delante de amigos o de familia. Mejora tu discurso otra vez y vuelve a empezar. Para que tu argumentación sea convincente, debes pronunciarla de manera fluida y enérgica. A medida que vayas avanzando en tu ejercicio, tu argumentación formará parte de ti y te costará menos presentarla.

Aprovechar el momento adecuado: el *kairós*

En la Grecia antigua aparece la noción de «momento adecuado» que los griegos llaman *kairós*. Pierre Aubenque (filósofo francés nacido en 1929) la llama una «coincidencia de la acción humana y del tiempo, que hace que el tiempo sea propicio y la acción, buena» (Aubenque 1963, 96-97).

Cuando tienes que convencer a un interlocutor, es importante saber aprovechar la ocasión adecuada para contactar con él: esto aumentará tus posibilidades de éxito. Al igual que un surfista toma la ola en el buen momento, tu capacidad para discernir este instante propicio marcará la diferencia. ¿Cómo hacer, entonces?

Si partimos del principio que existe un *kairós*, podemos deducir de manera lógica que también existen momentos que no son adecuados. En resumen, a veces es demasiado pronto o demasiado tarde. Los especialistas de la torpeza temporal se sitúan en los dos momentos cercanos a este instante propicio en el que la acción es la más acertada.

- **Antes del *kairós*:** nos encontramos aquí a los grandes apasionados que se dejan llevar por las emociones, con tanta prisa por actuar que no pueden refrenarse. Por exceso de precipitación, intentan convencer a su interlocutor rápidamente… y solo cosechan un fracaso.
- **Después del *kairós*:** la lentitud y la falta de seguridad de los indecisos hace que normalmente pierdan la oportunidad. Por lo tanto, no tienen más elección que dejar pasar la ocasión que se les ha presentado.

Así, las dos grandes líneas que debes explorar para mejorar tu sutileza temporal y aumentar tus posibilidades de actuar en el momento adecuado para convencer a tu interlocutor son:

- aprender a regular tus emociones y a ser paciente;
- creer en ti para no dudar más cuando se presenta la posibilidad de actuar.

PLANTAR LAS SEMILLAS

Todo se decide en este punto: una vez que has llevado a cabo tu preparación tienes que ser capaz de acomodar a tu interlocutor para que esté en una buena disposición y escuche tu razonamiento. Así, desarrollaremos algunos recursos para plantar las semillas de una buena relación.

Centrarse gracias al estado de C.O.A.C.H.

Centrarse es un elemento muy importante que a menudo deja de lado la mayoría de la gente que se prepara para convencer a un interlocutor. No es un simple momento de concentración, sino que te permite implicarte al 100% y centrarte en todos los elementos presentes en la relación entre tu interlocutor y tú. Es el reflejo de lo mejor de ti mismo; representa tu zona de excelencia. Retén el siguiente acrónimo para poner en práctica este estado interno:

- **Centrado** en la situación, en tu interlocutor, en tus sentidos, en tu respiración y en el instante presente;
- **Optimista** frente a las infinitas posibilidades que se presentan ante ti, **abierto** a los argumentos de tu interlocutor y a las soluciones que de ello se derivan;
- **Atento** a tu interlocutor, consciente, más allá de las apariencias y de los prejuicios;
- **Conectado** con tu interlocutor, contigo mismo, con vuestra relación y con todos los elementos que conforman

vuestro entorno común;

- **Hospitalario**, presentando el espacio reconfortante de un punto de vista relacional, y estando dispuesto a acoger cualquier imprevisto.

Sincronizarse

La sincronización te permite adaptarte a los diferentes estilos de comunicación de los individuos y acomodarte a la percepción que tu interlocutor tiene del mundo, a través de sus gestos, sus palabras y el tono de su voz. Te instalas entonces en una relación de confianza inconsciente: «Soy como tú, me muevo, hablo como tú y siento las mismas cosas que tú; soy tu aliado, no tienes nada que temer, busco simplemente entenderte». Acuérdate del *pathos*: actuar de manera positiva sobre las emociones de tu interlocutor te dará una ventaja en tu argumentación. Al identificarse contigo, se dejará convencer más fácilmente por tus reflexiones.

ACLARACIÓN ÚTIL

Sincronizarse no quiere decir imitar. Se trata de adoptar una actitud natural que basta con amplificar u orientar, siempre mostrándose respetuoso, con el objetivo de emitir un mensaje de acogida (mensaje inconsciente que muestra tu benevolencia).

Existen varios tipos de sincronización:

- **no verbal**, en la que se retoman los gestos del interlocutor, su postura, sus microexpresiones o sus mímicas, su respiración (esta es la sincronización ideal, pero también es la más difícil de obtener);

- **paraverbal**, adaptándose a su voz, es decir, a su entonación, su ritmo, su timbre, su cadencia, su volumen;
- **verbal**, relativa a la estructura de su discurso. Se utiliza entonces el mismo vocabulario y se organizan las frases de manera similar;
- **estado interno**, se trata de retomar las emociones del otro, su experiencia, sus vivencias y sus interpretaciones con respecto a la situación. Aun manteniendo las distancias, el mensaje implícito es «Entiendo, soy cómo tú». Por ello, habla con entusiasmo a alguien apasionado o con un tono profesional a una persona reservada.

Por supuesto, la sincronización requiere ante todo escuchar al interlocutor.

Escuchar antes de argumentar

El secreto de los que logran convencer fácilmente es simple: escuchan a la persona que tienen en frente. Si solo pudieses quedarte con una técnica, tendría que ser esta. No se trata de escuchar distraídamente, pensando en tu futuro partido de squash o en la última velada a la que acudiste, sino de estar centrado por completo en tu interlocutor. Sigue estas seis reglas de oro para practicar una escucha activa y de calidad:

- **muestra curiosidad con respecto a tu interlocutor.** Él te dará todos los elementos útiles para ayudarte a enfrentarte a los imprevistos durante tu argumentación;
- por consiguiente, **hazle preguntas** sobre sus centros

de interés, sobre sus necesidades, sobre lo que vive actualmente;

- **reformula sus pensamientos** para mostrar que lo has escuchado o si no estás seguro de haber entendido correctamente una información. Pídele más detalles y, entonces, compartirá más;
- **asiente** con la cabeza y valida verbalmente («sí, entiendo», «me imagino»). Esto muestra tu disponibilidad y tu adhesión a sus reflexiones;
- **deja que termine todas sus frases** y espera a que la pelota esté en tu campo antes de hablar. No existe nada peor para alguien que está expresándose que el hecho de que alguien le corte;
- **conserva en la memoria los elementos que importan a tu interlocutor.** Entonces, podrás basarte en ellos cuando te llegue el momento de desarrollar tus argumentos.

Utilizar el poder de la sonrisa

La sonrisa puede cambiar de manera radical la percepción que tu interlocutor tiene de ti y mejorar la calidad de vuestra relación. En efecto, transmite una señal inconsciente a la persona que la recibe que podría traducirse como: «No quiero hacerte daño, no tienes nada que temer».

Esta forma de comunicación no verbal apela directamente a nuestros instintos y a nuestro inconsciente. Así, en un contexto en el que una persona está tensa, el hecho de encontrar a una persona sonriente hará que disminuya significativamente su nivel de estrés. En resumen, una simple sonrisa que se da durante una argumentación tranquilizará a tu interlocutor, te posicionará en una postura atractiva y participará en el buen desarrollo de la relación.

Sin embargo, existe un caso particular en el que la sonrisa no supone nada positivo e, incluso, puede generar el efecto contrario: la sonrisa comercial. No es que todos los comerciales tengan la misma, pero podría provocar que el individuo saliera huyendo o que se sintiera incómodo. Cuando uno sonríe de verdad, suelen aparecer pequeñas arrugas alrededor de los ojos. En caso contrario, solo entran en acción los músculos cigomáticos, y esto, irremediablemente, causará desconfianza en tu interlocutor. Sonríe, pero de corazón.

Mostrar empatía

El término «empatía» procede de la palabra alemana *Einfuhlung*, que significa «sentimiento del interior». Hace referencia a una persona que se proyecta en la situación del otro. Desde entonces, esta definición ha evolucionado gracias a los trabajos efectuados en distintos ámbitos de investigación como la filosofía, la psicología y las neurociencias.

Según Jean Decety (neurobiólogo francés, nacido en 1960), actuamos con empatía cuando respondemos emocionalmente a la emoción de nuestro interlocutor. Sin embargo, en un contexto en el que debemos convencer a alguien, debemos ser capaces de distinguir lo que siente la persona y lo que sentimos nosotros, y tenemos que saber regular nuestras propias emociones para conservar una postura adecuada y dominar la situación.

Mostrar congruencia

La congruencia consiste en ajustar nuestras reflexiones, nuestras experiencias y nuestras acciones a nuestros valores y nuestras convicciones personales. La noción de congruencia fue establecida por el psicólogo y terapeuta estadounidense Carl Ransom Rogers (1902-1987), que la explica como sigue:

> «Todos conocemos a alguien en quien confiamos porque sentimos que realmente es la persona que es, que hablamos con la persona misma, y no con una careta amable o profesional»[2] (Rogers 2005, 37).

Durante una argumentación persuasiva, ser congruente consiste en encarnar lo más fielmente posible el discurso que has preparado y en provocar la caída de las caretas sociales; o más exactamente, en evitar ponerse una. Si tu interlocutor considera que eres honesto y auténtico, sentirá entonces que está en confianza y adoptará más fácilmente tu punto de vista.

Sin embargo, demostrar congruencia no es algo fácil. Llevamos con nosotros las caretas sociales y las convencio-

---

2. Cita traducida por 50Minutos.es

nes, lo que obstaculiza esta forma de sinceridad. Librarse de ellas puede requerir tiempo y energía. Si sigues estos consejos, estarás yendo en la buena dirección:

- **muéstrate convencido y seguro de la pertinencia de tu argumentación**. Esto parece evidente, pero si tienes la más mínima duda acerca de uno de tus argumentos, ten claro que tu interlocutor se dará cuenta y se abalanzará sobre ello enseguida. Podrás despedirte entonces de tu objetivo. Antes de lanzarte, intenta detectar las fisuras de tu argumentación. Una vez que las hayas identificado, se te presentan dos soluciones: o bien renuncias a exponer tus argumentos y no corres el riesgo de que señalen el error, o bien los refuerzas estableciendo los posibles contraargumentos y encontrando defensas;
- **presta atención a tu comunicación no verbal**. Si deseas convencer a un empleador para que te contrate resaltando tu dinamismo y tu buen humor, evita quedarte tumbado en la silla y adoptar mímicas de una persona letárgica a la que le cuesta seguir el ritmo de la vida. Intenta más bien mantener una postura derecha, movimientos amplios y rítmicos, una amplia sonrisa (*cf.* Utilizar el poder de la sonrisa) y un optimismo a prueba de bombas;
- **apuesta por la transparencia**, que va de la mano de la congruencia. Así, demostrarás que el valor principal de tu argumentación es la honestidad. Hoy en día, con internet, resulta más difícil tener una actitud deshonesta, y mostrar esta actitud podría suponerte un efecto posterior muy negativo y te haría perder toda tu credibilidad. Así, en lugar de hacer creer a un cliente que la compra de tu producto revolucionará su vida y su bolsillo, preséntale

con hechos las ventajas y los inconvenientes inherentes a ese artículo. Pregúntale a continuación al futuro cliente acerca de su experiencia: obtendrás toda la información necesaria para orientar el resto de tu argumentación.

RECOGER LOS FRUTOS

Gracias a los trucos que hemos enunciado con anterioridad, has trabajado tu *ethos*, has podido crear un vínculo particular con tu interlocutor y te has ganado su confianza. Le has dado una legitimidad a tu discurso. Es hora de desarrollar tu argumentación y de exponer tu visión de las cosas.

Expresar tus necesidades

Convencer a una persona es intentar que adopte tu punto de vista sobre una situación, un proyecto o una idea. Es decir, que se sume a tu causa. Para ello, tarde o temprano tendrás que parar los preliminares y expresar tus necesidades. ¿Por qué esta etapa evidente solo aparece en este punto de la argumentación? ¿No sería más eficaz preguntar de inmediato lo que queremos? No, puesto que esto equivaldría a recorrer los 100 metros lisos sin haber calentado antes: el riesgo de lesión es más que probable. Al poner a tu interlocutor en una disposición idónea hacia ti ya has completado esta parte, por lo que ahora tu petición tendrá más impacto.

Ahora, desarrolla tu punto de vista de manera clara y estructurada, jugando a la vez con los registros del *logos* y del *pathos* para un resultado más eficaz.

Cuatro simples etapas para expresar tus necesidades

Etapas	Ejemplos
Evoca los hechos concretos y cuantificables que has descubierto durante tu preparación.	La última campaña de promoción para este acontecimiento no estuvo a la altura de nuestros objetivos. Esto se tradujo en un déficit de un 10% sobre nuestro presupuesto previsto.
Expresa los sentimientos que estas situaciones han provocado en ti.	Al ser responsable de la tesorería, estoy frustrado por este resultado y me siento incómodo con respecto a nuestros colegas.
Comunica tu necesidad.	Necesito cambiar de proceso de comunicación para los futuros eventos.
Haz una petición clara, precisa y concisa que permita pasar a la acción rápidamente.	Por lo tanto, quiero crear un grupo de trabajo de tres a cinco personas para formalizar el nuevo proceso. Puede celebrarse una primera reunión a partir del lunes que viene en la sala de conferencias.

Saber plegarse como un junco sin llegar a romperse

Si convencer a un interlocutor fuera algo fácil, todo el mundo sabría hacerlo. Puedes tener la mejor preparación del mundo, el discurso más fluido y contundente, una prestancia que hace palidecer a los más grandes oradores, pero eso no te pondrá a salvo de las objeciones ineludibles, fundadas o no, que comprometerán tu discurso al señalar el elemento que falla a ojos de los demás. Si actúas con sutilidad y de manera oportuna en este tipo de situación, obtendrás más crédito.

Una característica esencial para dominar el arte de convencer reside en una flexibilidad relacional y coyuntural. Por el contrario, una mente cerrada es enemiga de la persuasión. Es posible adaptarse a las circunstancias y a los individuos reuniendo algunos de los recursos que hemos descrito hasta ahora, como:

- estar abierto hacia lo que piensa y siente tu interlocutor;
- no juzgar;
- escuchar empáticamente.

A estas cualidades se añade otro recurso fundamental: dejarse llevar. Esto puede parecer paradójico cuando tu objetivo consiste precisamente en persuadir al otro para que adopte tus ideas. Sin embargo, dejarse llevar no significa necesariamente abandonar o capitular. Al contrario, en el arte de convencer, la sutilidad reside en el hecho de saber sobre qué debemos hacer concesiones. Al preparar tu discurso, habrás previsto los posibles puntos de fricción y habrás identificado el margen de maniobra del que dispones cuando ocurran estos aspectos sensibles.

Por ejemplo, si deseas desarrollar una nueva estrategia de comunicación para tu asociación, argumentarás haciendo una lista de sus características. Sin embargo, puede que ciertas modalidades, ciertos procesos o ciertas acciones no convengan a tus colaboradores por alguna razón. La idea de dejarse llevar significa entonces darles el poder para encontrar soluciones a sus propias objeciones, mientras que tú sigues manteniendo bajo control el objetivo principal: el de adoptar una nueva estrategia de comunicación.

La comparación clásica en esta situación es la de los principios inherentes a una gran cantidad de artes marciales: llegar a utilizar la energía de tu compañero absorbiéndola en un primer momento, para efectuar a continuación un movimiento decisivo que le dé ventaja. Durante una argumentación, la energía de tu adversario reside en todas las objeciones que indicará durante tu discurso.

Así, si mostrarse flexible y ser capaz de hacer concesiones a tu oponente en algunos puntos accesorios puede hacer crecer tu *ethos* y ayudar a tu objetivo, atajar las oposiciones y los comentarios más importantes de tu interlocutor constituye una etapa obligatoria y esencial para convencer. Estos consejos te ayudarán en esta etapa:

- fíjate previamente límites en el tiempo de respuesta, en el tono empleado, en el número de contraargumentos y de respuestas que darás. Así, establecerás un marco de funcionamiento en el que podrás evolucionar con un sentimiento de seguridad;
- mantén tu concentración en tu interlocutor;
- acoge su contraargumento sin condiciones y sin juicios de valor o prejuicios;
- reformula sus ideas para demostrarle que lo has comprendido, que lo escuchas y que le das importancia a su punto de vista, incluso si difiere del tuyo;
- relaciona su objeción con el punto de tu discurso que ha señalado con el objetivo de crear una tercera vía y de seguir hacia adelante. Puedes empezar tu respuesta por «justamente», «llega en el momento adecuado», «precisamente», «de hecho».

Así, no solo tu interlocutor se sentirá valorado porque tienes en cuenta su opinión, sino que también te ayudará a dar más cuerpo a tu propia argumentación, siempre persiguiendo tu objetivo inicial: convencer.

Terminar con elegancia

Has llegado al final de tu argumentación: has recibido y acompañado todas las objeciones, y tu interlocutor ya está convencido por tu exposición. Lo has logrado, lo has convencido para que te siga en un proyecto, para que compre un producto o un servicio, para que te contrate o para que te conceda un aumento.

En esta etapa, habría un error relacional fatídico, que consistiría en decirle «gracias y adiós». No nos olvidemos de que convencer puede generar tensiones internas (inconscientes la mayor parte del tiempo) en tu interlocutor, puesto que, incluso si lo has convencido, recuerda que al principio, en el mejor de los casos, no tenía opinión acerca del tema y, en el peor de los casos, se mostraba completamente opuesto. Por ello, al haber hecho que adopte tu punto de vista, puede albergar una mezcla difusa de frustración, de culpabilidad y de amargura. En este punto, tu papel es aliviar esa sensación.

Para ello, la mejor estrategia es la del perfil bajo, es decir, mostrarse humilde con respecto a tu logro. Ofrece al interlocutor un papel importante en el resultado obtenido. Por ejemplo, haz que tenga la sensación de que sin la riqueza de sus objeciones, no habrías encontrado la inspiración. Esta actitud le permite retomar el control de la situación, que había perdido en el momento en el que se unió a tu discurso.

Así, restablecerás el equilibrio en la relación. No solo habrás obtenido lo que deseas, sino que, quién sabe, tu interlocutor podría ayudarte a convencer a más de uno.

ROMA NO SE CREÓ EN UN DÍA

Empieza poco a poco: la clave del éxito es la regularidad de tus acciones de persuasión, por lo que debes practicar más y más. Paso a paso, día tras día, irás perfeccionando tus técnicas, ajustarás tu postura, aumentará tu confianza y, al final, te sentirás como pez en el agua cuando tengas que convencer.

LOS MEJORES CONSEJOS

- Escribe tu discurso haciendo una lista en la que, por una parte, aparezcan tus argumentos y, por otra, las posibles objeciones de tus interlocutores. Así podrás encontrar más fácilmente las respuestas adecuadas.
- Cuida tu entrada. Los primeros 30 segundos son esenciales para instaurar un clima de confianza. Tu capital de simpatía queda definido desde la primera impresión e influirá en el desarrollo de tu argumentación.
- Céntrate en el presente activando tus cinco sentidos y conectándolos con tu entorno. Lleva a cabo el mismo proceso para conectar contigo mismo. Así, entrarás en el estado C.O.A.C.H.
- Tras haber introducido tu discurso, haz una pregunta abierta a tu interlocutor para darle la palabra y mostrarle que estás en actitud receptiva. Esto también te permitirá sincronizarte con él.
- Muéstrate flexible con las personas molestas. En general, este tipo de gente busca el reconocimiento y la gratitud. Ve en su dirección siempre respetándote y manteniendo tus propios límites. Es posible incluso que después se conviertan en tus socios más fieles.
- Conserva el control de la relación hasta el final y, a la vez, deja que el interlocutor piense que él lleva las riendas. Diriges el proceso, mientras que dejas que él hable del contenido. Da ejemplos. Esto permitirá que tu interlocutor visualice mejor tus ideas y que las adopte más fácilmente. Así, podrá proyectarse en las situaciones que le describes y podrá vivirlas de manera interna.

- Evita seducir o intimidar a la persona. En ambos casos, no se sentirá segura y su instinto le aconsejará que desconfíe de ti.
- Muestra claridad y limítate al mensaje clave. Utiliza palabras simples y evita la jerga que usan los especialistas de tu ámbito. No hay nada más redhibitorio que escuchar cómo una persona que se jacta de los méritos de un ordenador con muy buenas prestaciones emplea términos técnicos en cada frase, mientras que tú todavía piensas que una llave USB permite abrir una puerta blindada americana.
- Diviértete. Todas las técnicas que hemos descrito aquí no funcionarán si no te lo pasas bien aplicándolas. Si no estás con un estado de ánimo positivo, más vale que postergues tu argumentación, puesto que tu interlocutor lo notará.

PREGUNTAS FRECUENTES

¿CUÁLES SON LAS BASES QUE HAY QUE SEGUIR PARA TENER ÉXITO CON MI ARGUMENTACIÓN?

Las bases de una argumentación eficaz reposan en el equilibrio sutil entre *logos*, *pathos* y *ethos*. Tu discurso debe asociar hechos, cifras y datos concretos con momentos en los que apelas a las emociones de tu interlocutor. Se trata de divertirlo, de provocarlo, de emocionarlo, de sorprenderlo, de inquietarlo... para, a continuación, tranquilizarlo y que finalmente emprenda un viaje fuera de su intelecto. Asocia esta práctica oral con una preparación del lenguaje corporal.

¿CÓMO ACTUAR PARA EVITAR SER CATALO-GADO COMO MANIPULADOR?

Utiliza la transparencia y la congruencia. Tu interlocutor debe sentirse en seguridad a partir del momento en el que entablas una conversación con él y hasta el instante en el que sales de su campo de visión. Durante todo este tiempo, sé tú mismo. No interpretes un papel y quítate las caretas sociales. Expresa tus propios sentimientos para crear empatía en el interlocutor. En términos generales, los manipuladores ahogan a su presa en un chorro de información, haciendo brillar su personalidad narcisista. No saben escuchar, puesto que no conocen la empatía. Si no quieres que te consideren un manipulador, atiende a las ideas y a las emociones de tu interlocutor antes de intentar convencerlo.

¿QUÉ POSTURA ADOPTAR CUANDO ARGUMENTO?

- Si estás de pie, actúa con agilidad. Si no sabes qué hacer con tus manos, deja que hablen contigo: se adaptarán rápidamente a tu tono y a la cadencia de tu discurso.
- Si te encuentras frente a un auditorio, recorre con la vista toda la sala, deteniéndote de manera aleatoria en algunas personas. Tendrán la sensación de que te diriges personalmente a ellas. Cuando hablamos de persuasión, resulta más fácil sentirse convencido si nos parece que el mensaje va dirigido a nosotros directamente.
- Si estás sentado, mantén una postura recta y enérgica. No te sientes muy al final de la silla o del sillón, y así no sentirás la tentación de apoltronarte y, por lo tanto, de perder dinamismo y poder de persuasión.

¿CUÁL ES LA TÉCNICA IRREFUTABLE PARA CONVENCER A ALGUIEN?

Sin duda alguna, la escucha. De una escucha activa, completa y empática nacerán todos los elementos que te servirán para responder de manera óptima en función de tu propia argumentación. Escuchar a tu interlocutor con atención y con benevolencia le otorgará importancia, y esto es totalmente legítimo, sobre todo si tenemos en cuenta que el objetivo es convencer. En efecto, sentirse escuchado es sentirse reconocido, y el reconocimiento es una necesidad fundamental para todo ser humano. Al dar ese reconocimiento, estás alimentado la necesidad de tu interlocutor, por lo que estará más abierto a tus argumentos.

¿CUÁNTO TIEMPO ME HACE FALTA PARA APRENDER A CONVENCER?

Al final de esta lectura, ya tendrás todas las claves para convencer eficazmente. Sin embargo, de la misma manera que aprendemos a preparar una paella o un cocido leyendo una receta, solo mejoraremos si practicamos la teoría día tras día. Si seguimos con el ejemplo, podremos añadir otros ingredientes, o disminuir o incluso suprimir otros en función de los invitados. Dedicarás un poco más de tiempo a preparar el plato o estarás más atento a la cocción. En resumen, evolucionarás en tu disciplina a medida que la ejerzas. Lo mismo ocurre en el arte de la persuasión. En efecto, saber argumentar es fácil y rápido, pero ser capaz de utilizar esta herramienta con éxito para que alguien adopte tu opinión requiere tiempo y práctica.

¿CUÁLES SON LAS TRAMPAS QUE HAY QUE EVITAR SI QUIERO CONVENCER A ALGUIEN?

Toma el conjunto de técnicas expuestas en esta guía y haz exactamente lo contrario. Escoge el peor momento para entablar una conversación con tu interlocutor (cuando tiene prisa, a la salida de una reunión tensa, entre dos puertas o durante la pausa para comer). Prepárate precipitadamente e intenta persuadirlo enseguida sin dejarle el más mínimo espacio relacional. Toma la palabra y no la cedas hasta el final. En caso de que intente abrir la boca para pronunciarse, córtale inmediatamente. Si en un descuido llega a lanzar un contraargumento, explícale que no ha entendido nada y que tú tienes razón. Mantente firme en tu posición, sin cambiar ni un ápice. En el caso de que su impertinencia lo llevara a insistir, no dudes en enfadarte para afianzar un poco más tu autoridad: ¿quién manda aquí? ¡Bravo, has fracasado magistralmente en el arte de convencer!

NO HE LOGRADO CONVENCER A MI INTERLOCUTOR, ¿TENGO QUE ABANDONAR?

Antes de que Thomas Edison (inventor y científico estadounidense, 1847-1931) inventara la bombilla incandescente, declaró: «No he fracasado. Simplemente he encontrado 10 000 soluciones que no funcionan». El fracaso solo es un punto de vista de una situación. Si no has logrado convencer a tu interlocutor, hay cuatro reacciones posibles:

- te flagelas repitiéndote que has estado lamentable y que, de todas formas, el interlocutor era demasiado fuerte para ti. De hecho, incluso durante vuestra entrevista, te sentías minúsculo con respecto a él;
- lo cuestionas todo, tu argumentación, tu postura, tu carisma, tus competencias, etc. Mientras, denigras a tu interlocutor endilgándole defectos;
- no entiendes cómo este interlocutor al que menosprecias ha sabido resistirse a tu poder de persuasión, a pesar de que crees que eres un maestro en el arte;
- ves esta conversación como una experiencia enriquecedora y sacas provecho de los contraargumentos de tu interlocutor para mejorar tu discurso, puesto que es obvio que este accidente en el trayecto te ha dado una motivación suplementaria para intentar convencerlo la próxima vez. Te sientes incluso agradecido con él porque

te ha permitido progresar.

Eres libre de elegir la perspectiva que te parezca más constructiva…

¿QUÉ TIPOS DE ARGUMENTO PUEDO UTILIZAR?

Existen muchos tipos de argumentos. Por lo tanto, presentamos una lista no exhaustiva.

- **Los argumentos de autoridad** remiten a expertos, a personajes célebres o a autoridades reconocidas por tu interlocutor. Al citarlas, damos valor a nuestra reflexión.
- **Los argumentos por analogía** consisten en comparar una situación con otra para apoyar nuestro discurso.
- **Los argumentos encuadrados** presentan la realidad amplificando o minimizando ciertos aspectos para destacar nuestro punto de vista.
- **Los argumentos de comunidad** reposan en valores compartidos, opiniones admitidas por la mayoría. Un individuo que no sabe qué pensar tendrá tendencia a seguir la opinión de la comunidad.

¡AHORA ES TU TURNO!

ESTRUCTURA TU ARGUMENTACIÓN

Para ayudarte en la preparación de tu argumentación, responde a estas preguntas:

Método para estructurar tu argumentación

	Tu respuesta En *logos*: cifras, hechos, datos concretos. En *pathos*: sensaciones, emociones, relaciones.
¿Qué necesidades tiene la persona o el grupo al que deseas convencer?	
¿Cómo podría responder tu argumentación a estas necesidades?	
¿Qué beneficios sacarían las personas en cuestión si adoptan tu punto de vista?	
¿Qué cualidades y qué puntos fuertes invocarás para garantizar el resultado?	

Y, a continuación, define tus argumentos principales y las posibles objeciones.

Lista de tus argumentos y posibles objeciones

Tus argumentos centrales	Los posibles contraargumentos	Tus respuestas a los contraargumentos
•	•	•
•	•	•
•	•	•
•	•	•
•	•	•
•	•	•

APRENDE A SINCRONIZARTE

En la calle o sentado en una terraza, observa a los grupos que están a tu alrededor mientras comen o hablan. Fíjate en sus actitudes, sus posturas, sus mímicas, el tono y el ritmo de su voz. Normalmente, notarás una cierta armonía, como un mimetismo inconsciente entre estas personas diferentes.

Ahora te toca a ti: cuando estés acompañado por un conocido o un ser cercano, adopta los mismos comportamientos que él, aduéñate de su voz, etc. Tras unos minutos, cambia conscientemente y mínimamente tu postura o tu actitud. Te sorprenderá observar que tu interlocutor te seguirá de manera natural, se sincronizará contigo.

PRACTICA LA ESCUCHA ACTIVA

Cuando hables con un interlocutor, hazle únicamente preguntas abiertas y céntrate en sus respuestas.

Probablemente, tendrás ganas de dar tu opinión, de compartir una de tus experiencias, en resumen, de hablar de ti, pero resiste a la tentación. Al final de su respuesta, retoma una parte de su relato y formula una nueva pregunta abierta acerca de este elemento. Sigue así hasta que tu interlocutor te pregunte a ti. Entonces, habrás hecho bien este ejercicio.

Ayúdate de esta tabla para enunciar tus preguntas:

Los distintos tipos de preguntas

Las preguntas abiertas permiten que el interlocutor se exprese totalmente.	Las preguntas cerradas favorecen las respuestas cortas.
• ¿Qué tal estás? • ¿Qué opinas sobre este tema? • ¿Qué ha pasado? • ¿Ah, sí? Sigue contándome...	• ¿Estás bien? • ¿Tienes una opinión sobre este tema? • ¿Estás de acuerdo con esta opinión? • ¿Crees que...?

¡Tu opinión nos interesa!
¡Deja un comentario en la página web de tu librería en línea,
y comparte tus favoritos en las redes sociales!

PARA IR MÁS ALLÁ

FUENTES BIBLIOGRÁFICAS

- Aristóteles. 2015. *La rhétorique*. CreateSpace Independent Publishing Platform: FB Éditions.
- Aubenque, Pierre. 1963. *La prudence chez Aristote*. París: PUF.
- Curso de coaching con Robert Dilts, instructor internacional y experto en PNL.
- Luminet, Olivier. 2013. *Psychologie des émotions*. Lovaina la Nueva: De Boeck.
- Rogers, Carl. 2005. *Le développement de la personne*. París: InterÉditions.

FUENTES COMPLEMENTARIAS

- Bellenger, Lionel. 2011. *La force de persuasion. Du bon usage des moyens de persuader et de convaincre*. París: ESF Éditeur.
- Breton, Philippe. 2015. *Convaincre sans manipuler*. París: La Découverte.
- Cialdini, Robert. 2004. *Influence et manipulation*. París: First éditions.
- Joule, Robert-Vincent y Jean-Léon Beauvois. 2014. *Petit traité de manipulation à l'usage des honnêtes gens*. Grenoble: PUG.
- Nivoix, Marie-Claude y Philippe Lebreton. 2013. *L'art de convaincre. Du bon usage des techniques d'influence*. París: Eyrolles.
- Página web de Christophe Peiffer. www.leblogdesra-

pportshumains.fr

- Zénoni, Gérard. 2009. *Tais-toi, je t'écoute... Sortez gagnant des situations difficiles par les mots, les gestes... et le silence!* París: Pocket.

© **en50Minutos.es, 2016. Todos los derechos reservados.**

www.en50Minutos.es

ISBN ebook: 9782806280572

ISBN papel: 9782806291011

Depósito legal: D/2016/12603/850

Libro realizado por Primento, *el socio digital de los editores*